Impressum
Verlag: BABADADA GmbH, Nedderfeld 112 , 22529 Hamburg
Geschäftsführer / Verlagsleitung: Harald Hof
Druck: Books on Demand GmbH, In de Tarpen 42, 22848 Norderstedt

Imprint
Publisher: BABADADA GmbH, Nedderfeld 112 , 22529 Hamburg, Germany
Managing Director / Publishing direction: Harald Hof
Print: Books on Demand GmbH, In de Tarpen 42, 22848 Norderstedt

სკოლა

school

საკლასო ოთახი
klaslokaal
გაყოფა
delen
186/2
დაფა
bord
სკოლის ეზო
speelplaats
მასწავლებელი
leerkracht
ქაღალდი
papier
წერა
schrijven
კალამი
pen
მაგიდა
bureau
სახაზავი
liniaal
წიგნი
boek
მოსწავლე
leerling

ზურგჩანთა

schooltas

პენალი

pennenzak

ფანქარი

potlood

ფანქრების სათლელი

puntenslijper

საშლელი

gom

ნახატების ალბომი

tekenblok

ნახატი
tekening

ფუნჯი
verfborstel

საღებავის ყუთი
verfdoos

მაკრატელი
schaar

წებო
lijm

სავარჯიშო რვეული
werkboek

საშინაო დავალება
huiswerk

12

ნომერი
nummer

2+2

დამატება
optellen

5-2

გამოკლება
aftrekken

2×2

გამრავლება
vermenigvuldigen

გამოთვლა
rekenen

A

წერილი
letter

ABCDEFG
HIJKLMN
OPQRSTU
VWXYZ

ანბანი
alfabet

hello

სიტყვა
woord

ტექსტი

tekst

წაკითხვა

Lezen

ცარცი

krijt

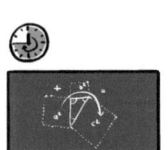

გაკვეთილი

les

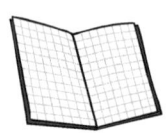

რეგისტრაცია

klassenboek

გამოცდა

examen

სერტიფიკატი

certificaat

სკოლის ფორმა

schooluniform

განათლება

onderwijs

ენციკლოპედია

encyclopedie

უნივერსიტეტი

universiteit

მიკროსკოპი

microscoop

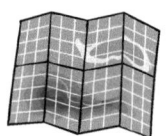

რუქა

kaart

კალათა ნარჩენი ქაღალდებისათვის

papiermand

სასტუმრო
hotel
Grand
ჰოსტელი
jeugdherberg
ROOMS
ვალუტის გადაცვლის პუნქტი
wisselkantoor
ჩემოდანი
koffer
მანქანა
auto

ენა

Taal

კი / არა

ja / nee

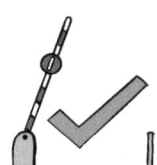

კარგი

oké

გამარჯობა

hallo

მთარგმნელი

vertaler

გმადლობთ

bedankt

რა ღირს... ?

Hoeveel kost ...?

ვერ გავიგე

Ik begrijp het niet

პრობლემა

probleem

აღამო მშვიდობისა!

Goedenavond!

დილა მშვიდობისა!

Goedemorgen!

ღამე მშვიდობისა!

Goedenavond!

ნახვამდის

Tot ziens

მიმართულება

richting

ბარგი

bagage

ჩანთა

zak

ზურგჩანთა

rugzak

სტუმარი

gast

ოთახი

kamer

საძილე ტომარა

slaapzak

კარავი

tent

ურისტული ინფორმაცია
toeristeninformatie

სანაპირო
strand

საკრედიტო ბარათი
kredietkaart

საუზმე
ontbijt

ლანჩი
lunch

ვახშამი
avondeten

ბილეთი
ticket

ლიფტი
lift

საფოსტო მარკა
postzegel

საზღვარი
grens

საბაჟო
douane

საელჩო
ambassade

ვიზა
visum

პასპორტი
paspoort

ტრანსპორტი

transport

თვითმფრინავი
vliegtuig
გემი
schip
სახანძრო მანქანა
brandweerwagen
სატვირთო მანქანა
vrachtwagen
ავტობუსი
bus
მოტორიზებული ნავი
motorboot
ველოსიპედი
fiets
მანქანა
auto

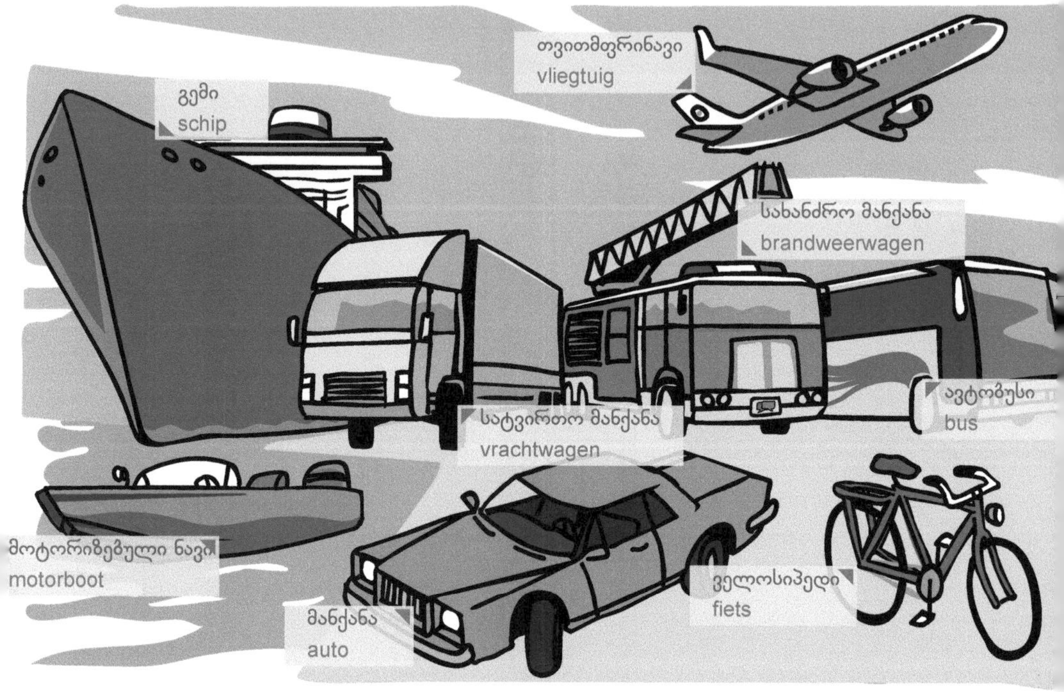

ბორანი

veerboot

ნავი

boot

მოტოციკლი

motor

პოლიციის მანქანა

politiewagen

სარბოლო მანქანა

racewagen

დაქირავებული მანქანა

huurauto

მანქანის ერთობლივი მოხმარება

carpoolen

საბუქსირე მანქანა

sleepwagen

ნაგვის მანქანა

vuilniswagen

ძრავა

motor

საწვავი

benzine

ბენზინგასამართი სადგური

benzinestation

საგზაო ნიშანი

verkeersbord

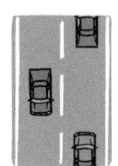

მოძრაობა

verkeer

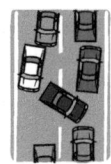

საცობი

file

მანქანის სადგომი

parkeerplaats

მატარებლის სადგური

station

ლიანდაგები

sporen

მატარებელი

trein

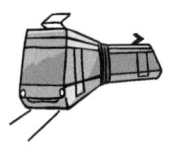

ტრამვაი

tram

ვაგონი

wagon

ვერტმფრენი

helikopter

აეროპორტი

luchthaven

კოშკი

toren

მგზავრი

passagier

კონტეინერი

container

მუყაოს ყუთი

karton

ურიკა

kar

კალათა

mand

აფრენა / დაშვება

opstijgen / landen

ქალაქი

stad

სოფელი

dorp

ქალაქის ცენტრი

stadscentrum

სახლი

huis

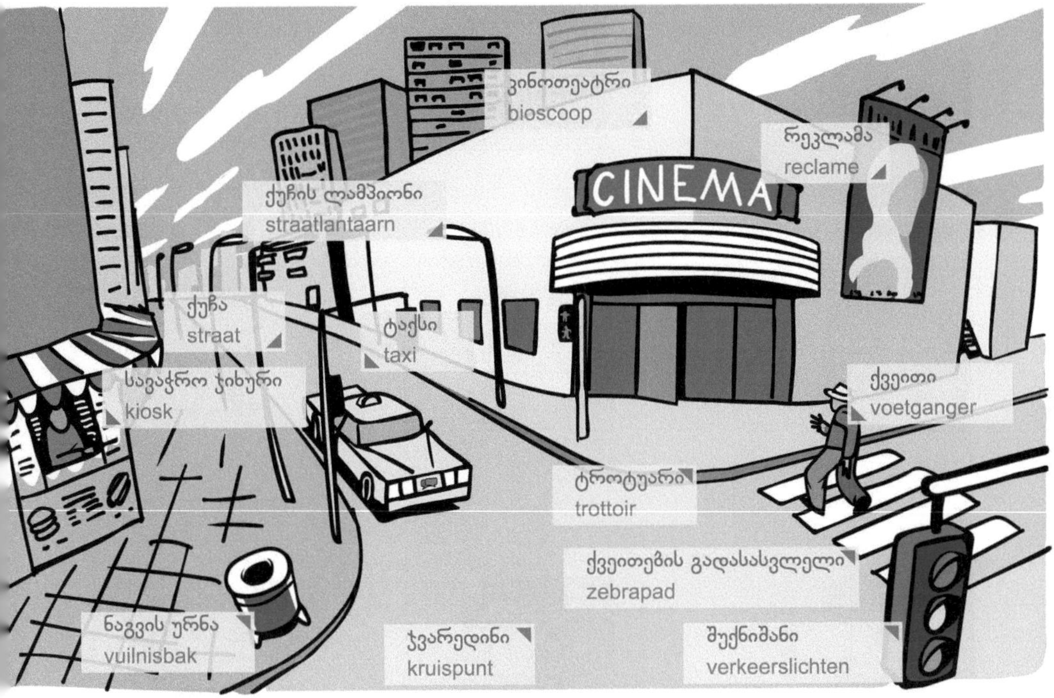

კინოთეატრი
bioscoop
CINEMA
რეკლამა
reclame
ქუჩის ლამპიონი
straatlantaarn
ქუჩა
straat
ტაქსი
taxi
სავაჭრო ჯიხური
kiosk
ქვეითი
voetganger
ტროტუარი
trottoir
ქვეითების გადასასვლელი
zebrapad
ნაგვის ურნა
vuilnisbak
ჯვარედინი
kruispunt
შუქნიშანი
verkeerslichten

ქოხი

hut

ბინა

woning

მატარებლის სადგური

station

მუნიციპალიტეტი

stadshuis

მუზეუმი

museum

სკოლა

school

უნივერსიტეტი

universiteit

ბანკი

bank

საავადმყოფო

ziekenhuis

სასტუმრო

hotel

აფთიაქი

apotheek

ოფისი

kantoor

წიგნების მაღაზია

boekwinkel

მაღაზია

winkel

ფლორისტი

bloemenwinkel

სუპერმარკეტი

supermarkt

ბაზარი

markt

მაღაზიის განყოფილება

warenhuis

თევზის გამყიდველი

vishandelaar

სავაჭრო ცენტრი

winkelcentrum

ნავსადგომი

haven

პარკი

park

გრძელი სკამი

bank

ხიდი

brug

კიბეები

trap

მიწისქვეშა გადასასვლელი

metro

გვირაბი

tunnel

ავტობუსის გაჩერება

bushalte

ბარი

bar

რესტორანი

restaurant

საფოსტო ყუთი

brievenbus

ქუჩის ნიშანი

straatnaambord

პარკინგის საზომი

parkeermeter

ზოოპარკი

zoo

საცურაო აუზი

zwembad

მეჩეთი

moskee

ფერმა

boerderij

გარემოს დაბინძურება

milieuverontreiniging

სასაფლაო

kerkhof

ეკლესია

kerk

საბავშვო მოედანი

speelplaats

ტაძარი

tempel

ლანდშაფტი

landschap

ფოთოლ
ი
blad
გზის მანიშნებელი ნიშანი
wegwijzer
გზა
weg
მდელო
weide
steen
ხე
boom
მოგზაური
wandelaar
მდინარე
rivier
ბალახი
gras
ყვავილი
bloem

ხეობა
vallei

გორაკი
heuvel

ტბა
meer

ტყე
bos

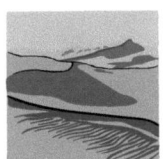

უდაბნო
woestijn

ვულკანი
vulkaan

ციხე
kasteel

ცისარტყელა
regenboog

სოკო
paddenstoel

პალმა
palmboom

კოღო
mug

ბუზი
vlieg

ჭიანჭველა
mier

ფუტკარი
bijl

ობობა
spin

ხოჭო

kever

ბაყაყი

kikker

ციყვი

eekhoorn

ზღარბი

egel

კურდღელი

haas

ბუ

uil

ფრინველი

vogel

გედი

zwaan

ტახი

wild zwijn

ირემი

hert

ცხენ-ირემი

eland

კაშხალი

dam

ქარის ტურბინა

windturbine

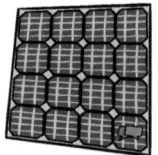

მზის ბატარეა

zonnepaneel

კლიმატი

klimaat

რესტორანი
restaurant

მიმტანი
ober
მენიუ
menu
სკამი
stoel
სუპი
soep
პიცა
pizza
მაგიდაზე გადასაფარებელი
tafelkleed
დანა-ჩანგალი
bestek

საუზმე

voorgerecht

მთავარი კერძი

hoofdgerecht

დესერტი

nagerecht

დასალევი

drankjes

საჭმელი

eten

ბოთლი

fles

სწრაფი კვება

fastfood

ქუჩის საჭმელი

street food

ჩაიდანი

theepot

საშაქრე

suikerpot

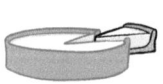

პორცია

portie

ესპრესოს მანქანა

espressomachine

მაღალი სკამი

kinderstoel

ანგარიში

rekening

ლანგარი

dienblad

დანა

mes

ჩანგალი

vork

კოვზი

lepel

ჩაის კოვზი

theelepel

ხელსახოცი

serviette

ჭიქა

glas

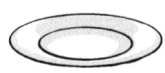

თეფში
....
bord

სუპის თეფში
....
soepbord

ჩაის ლამბაქი
....
schoteltje

საწებელი
....
saus

სამარილე
....
zoutvatje

წიწაკის საფქვავი
....
pepermolen

ძმარი
....
azijn

ზეთი
....
olie

სანელებლები
....
kruiden

კეტჩუპი
....
ketchup

მდოგვი
....
mosterd

მაიონეზი
....
mayonaise

სუპერმარკეტი
supermarkt

სპეციალური შეთავაზება
aanbieding
მომხმარებელი
klant
რძის ნაწარმი
zuivelproducten
ხილი
fruit
ურიკა
winkelwagen

საყასბო

slagerij

საცხობი

bakkerij

აწონვა

wegen

ბოსტნეული

groenten

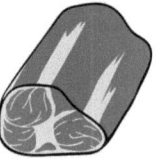

ხორცი

vlees

გაყინული საკვები

diepvriesvoedsel

გრილი ხორცი

charcuterie

კონსერვები

conserven

სარეცხი ფხვნილი

waspoeder

ტკბილეული

snoep

საყოფაცხოვრებო პროდუქტები

huishoudproducten

სარეცხი საშუალებები

schoonmaakproducten

გამყიდველი

verkoopster

სალარო

kassa

მოლარე

kassier

საყიდლების სია

boodschappenlijstje

მუშაობის საათები

openingstijden

პორტმანი

portefeuille

საკრედიტო ბარათი

kredietkaart

ჩანთა

tas

პლასტიკური პარკი

plastieken zakje

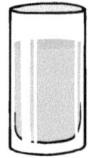

დასალევი
drankjes

წყალი

water

წვენი

sap

რძე

melk

კოკა-კოლა

cola

ღვინო

wijn

ლუდი

bier

ალკოჰოლი

alcohol

კაკაო

cacao

ჩაი

thee

ყავა

koffie

ესპრესო

espresso

კაპუჩინო

cappuccino

საჭმელი

eten

ბანანი

banaan

ვაშლი

appel

ფორთოხალი

sinaasappel

საზამთრო

meloen

ლიმონი

citroen

სტაფილო

wortel

ნიორი

knoflook

ბამბუკი

bamboe

ხახვი

ajuin

სოკო

champignon

კაკალი

noten

ატრია

noodles

სპაგეტი

spaghetti

ბრინჯი

rijst

სალათი

salade

ჩიპსები

frieten

შემწვარი კარტოფილი

gebakken aardappelen

პიცა

pizza

ჰამბურგერი

hamburger

სენდვიჩი

sandwich

კოტლეტი

kalfslapje

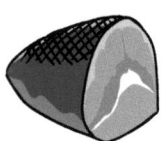

ლორი

ham

სალიამი

salami

ძეხვი

worst

წიწილა

kip

შემწვარი ხორცი

braden

თევზი

vis

შვრიის ფაფა

havervlokken

მუსლი

muesli

სიმინდის ფანტელები

cornflakes

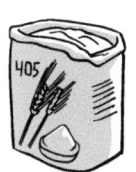

ფქვილი

bloem

კრუასანი

croissant

ბულკი

pistolet

პური

brood

ტოსტი

toast

ნამცხვრები

koekjes

კარაქი

boter

ხაჭო

kwark

ტორტი

taart

კვერცხი

ei

ერბო-კვერცხი

spiegelei

ყველი

kaas

ნაყინი
ijs

შაქარი
suiker

თაფლი
honing

ჯემი
confituur

შოკოლადის კრემი
choco

კარი
curry

ფერმა
boerderij

თავლა
schuur
ჩალის შეკვრა
strobaal
ყანა
veld
ცხენი
paard
მისაბმელი
aanhangwagen
კვიცი
veulen
ტრაქტორი
tractor
ვირი
ezel
ცხვარი
schaap
ცხვარი
lam

თხა

geit

ძროხა

koe

ხბო

kalf

ღორი

varken

გოჭი

biggetje

ხარი

stier

ბატი

gans

იხვი

eend

წიწილა

kuiken

ქათამი

kip

მამალი

haan

ვირთხა

rat

კატა

kat

თაგვი

muis

ხარი

os

ძაღლი

hond

საძაღლე

hondenhok

ბაღის შლანგი

tuinslang

საბაღე წურწურა

gieter

ცელი

zeis

გუთანი

ploeg

ნამგალი

sikkel

თოხი

schoffel

პატივის სახვეტი ჩანგალი

hooivork

ცული

bijl

მაზიდი

kruiwagen

გობი

trog

რძის ბიდონი

melkkan

ტომარა

zak

ღობე

hek

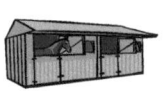

ბოსელი

stal

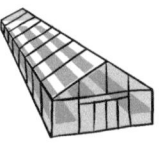

სათბური

broeikas

ნიადაგი

bodem

თესლი

zaad

სასუქი

mest

მოსავლის ამღები კომბაინი

maaidorser

მოსავლის აღება

oogsten

მოსავალი

oogst

იამი

yam

ხორბალი

tarwe

სოიო

soja

კარტოფილი

aardappel

სიმინდი

maïs

სარეველას თესლი

koolzaad

ხეხილი

fruitboom

მანიოკი

maniok

მარცვლეული

graan

სახლი
huis

ბუხარი
schoorsteen
სახურავი
dak
წყალსადინარი მილი
regenpijp
ფანჯარა
raam
ავტოფარეხი
garage
კარის ზარი
deurbel
კარი
deur
ნაგვის ყუთი
vuilnisbak
საფოსტო ყუთი
brievenbus
ბაღი
tuin

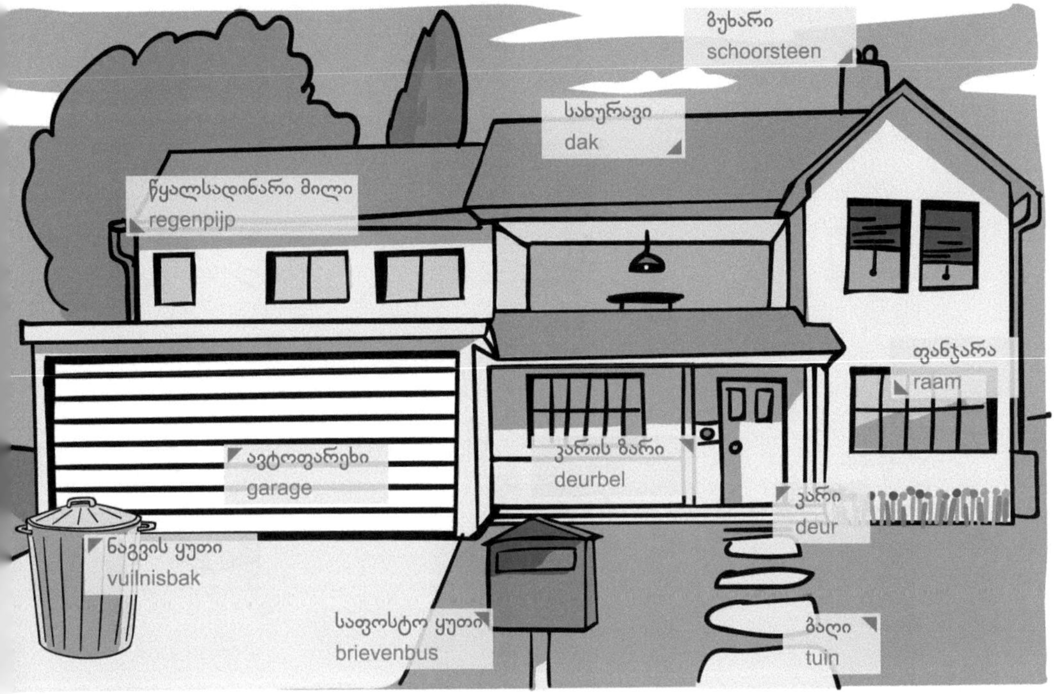

მისაღები ოთახი

woonkamer

აბაზანა

badkamer

სამზარეულო

keuken

საძინებელი

slaapkamer

საბავშვო ოთახი

kinderkamer

სასადილო ოთახი

eetkamer

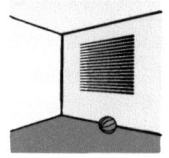

სართული
vloer

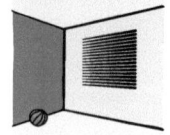

კედელი
muur

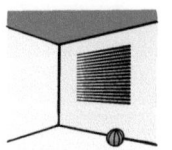

ჭერი
plafond

სარდაფი
kelder

საუნა
sauna

აივანი
balkon

ტერასა
terras

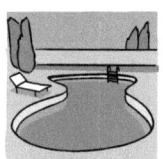

აუზი
zwembad

გაზონის საკრეჭი
grasmaaier

საბნის კონვერტი
dekbedovertrek

საწოლი
dekbed

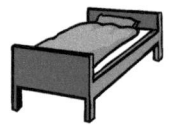

ლოგინი
bed

ცოცხი
bezem

სათლი
emmer

გადამრთველი
schakelaar

მისაღები ოთახი

woonkamer

შპალერი
behangpapier
ნახატი
foto
ნათურა
lamp
თარო
schap
კარადა
kast
ტელევიზორი
televisie
ბუხარი
open haard
ყვავილი
bloem
ბალიში
kussen
დივანი
sofa
ვაზა
vaas
დისტანციური მართვა
afstandsbediening

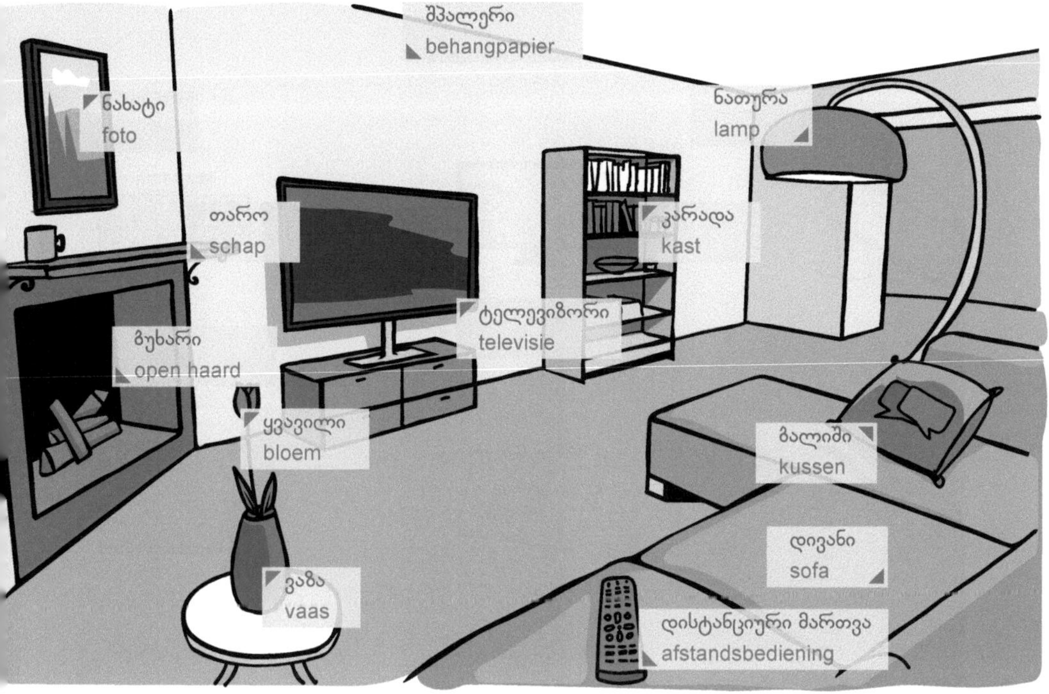

ხალიჩა

mat

ფარდა

gordijn

მაგიდა

tafel

სკამი

stoel

სარწეველა სკამი

schommelstoel

სავარძელი

fauteuil

წიგნი

boek

საბანი

deken

დეკორაცია

decoratie

შეშა

brandhout

ფილმი

film

hi-fi მოწყობილობები

stereo-installatie

გასაღები

sleutel

გაზეთი

krant

ფერწერა

schilderij

პლაკატი

poster

რადიო

radio

ბლოკნოტი

notitieboekje

მტვერსასრუტი

stofzuiger

კაქტუსი

cactus

სანთელი

kaars

სამზარეულო
keuken

მაცივარი
koelkast
მიკრო-ტალღური ღუმელი
microgolfoven
სამზარეულოს სასწორი
keukenweegschaal
ტოსტერი
broodrooster
სარეცხი საშუალება
afwasmiddel
ღუმელი
oven
საყინულე
vriesvak
ნაგვის ყუთი
vuilnisbak
ჭურჭლის სარეცხი მანქანა
vaatwasmachine

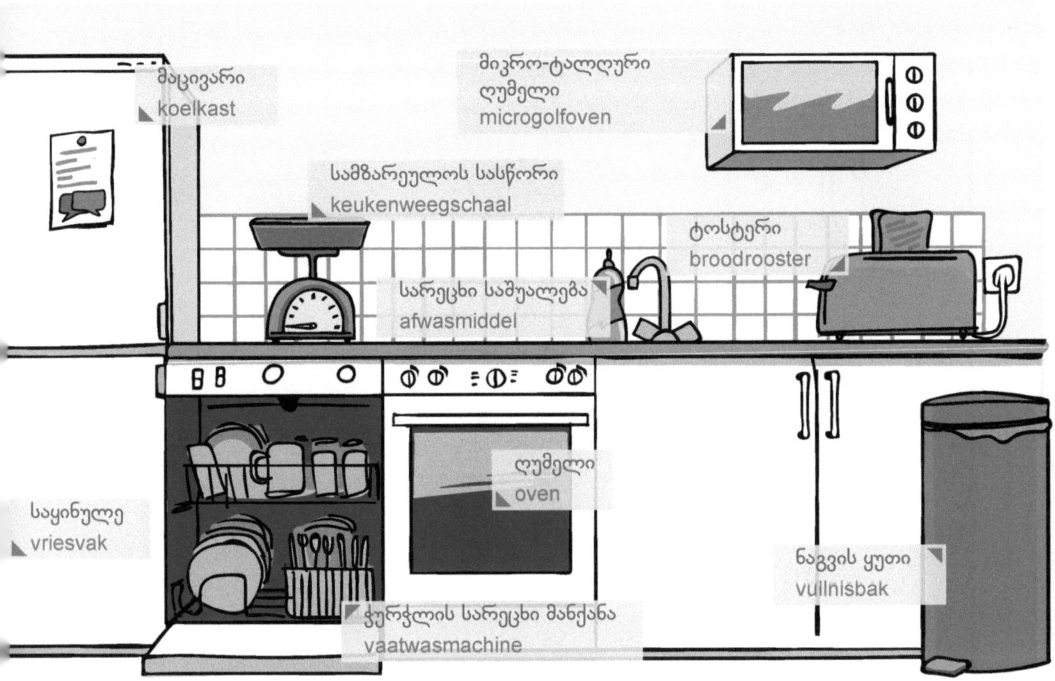

გაზქურა

fornuis

ქოთანი

pot

თუჯის ქვაბი

gietijzeren pot

ტაფა ამოზნექილი ფსკერით

wok / kadai

ტაფა

pan

ჩაიდანი

waterkoker

სამზარეულო - keuken 35

ორთქლსახარში

stoomkoker

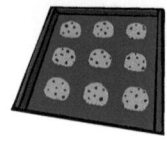

საცხობი ლანგარი

bakplaat

ჭურჭელი

servies

კათხა

mok

თასი

kom

ჩინური ჩხირები

eetstokjes

ჩამჩა

pollepel

ფითხი

spatel

სათქვეფელა

garde

საწური

vergiet

საცერი

zeef

სახეხი

rasp

სანაყი

mortier

გრილი

barbecue

კოცონი

haardvuur

დაფა

snijplank

საგორავი

deegrol

ბურღი

kurkentrekker

ქილა

blik

ქილის გასახსნელი

blikopener

ქოთნის დამჭერი

pannenlap

ნიჟარა

gootsteen

ფუნჯი

borstel

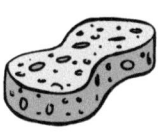

ღრუბელი

spons

ბლენდერი

blender

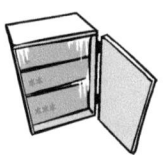

საყინულე კამერა

vriezer

საბავშვო ბოთლი

papfles

ონკანი

kraan

აბაზანა

გათბობა
verwarming
პირსახოცი
handdoek
შხაპი
douche
საშხაპე ფარდა
douchegordijn
ღრუბლიანი აბანო
bubbelbad
ვანა
badkuip
ჭიქა
glas
სარეცხი მანქანა
wasmachine
ონკანი
kraan
ფილები
tegels
ღამის ქოთანი
kinderpo
ნიჟარა
gootsteen

ტუალეტი
toilet

იატაკის ტუალეტი
hurktoilet

ბიდე
bidet

კედლის პისუარი
urinoir

ტუალეტის ქაღალდი
toiletpapier

ტუალეტის ჯაგრისი
toiletborstel

კბილის ჯაგრისი

tandenborstel

კბილის პასტა

tandpasta

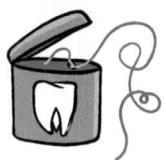

კბილის ძაფი

flosdraad

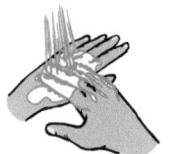

რეცხვა

wassen

ხელის შხაპი

handdouche

ინტიმური შხაპი

bidethanddouche

ტაშტი

waskom

ზურგის სახეხი ფუნჯი

rugborstel

საპონი

zeep

შხაპის გელი

douchegel

შამპუნი

shampoo

ნეჭა

washandje

სანიაღვრე

afvoer

კრემი

crème

დეოდორანტი

deodorant

სარკე

spiegel

ხელის სარკე

handspiegel

ბრიტვა

scheermes

საპარსი ქაფი

scheerschuim

საშუალება გაპარსვის შემდეგ

aftershave

სავარცხელი

kam

ჯაგრისი

borstel

თმის საშრობი

haardroger

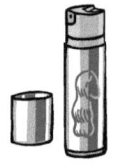

თმის ლაქი

haarlak

კოსმეტიკა

make-up

ტუჩების პომადა

lippenstift

ფრჩხილის ლაქი

nagellak

ბამბა

watten

ფრჩხილის მაკრატელი

nagelknipper

სუნამო

parfum

კოსმეტიკის ჩანთა

toilettas

ტაბურეტი

kruk

სასწორი

weegschaal

სააბაზანო ხალათი

badjas

რეზინის ხელთათმანები

latex handschoenen

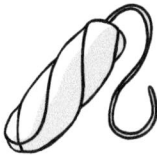

ტამპონი

tampon

სანიტარული პირსახოცი

maandverband

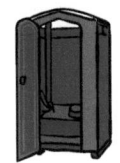

ბიო-ტუალეტი

chemisch toilet

საბავშვო ოთახი

kinderkamer

მაღვიძარა
wekker
რბილი სათამაშო
knuffel
სათამაშო მანქანა
speelgoedauto
ჩხარუნა სათამაშო
rammelaar
თოჯინების სახლი
poppenhuis
საჩუქარი
geschenk

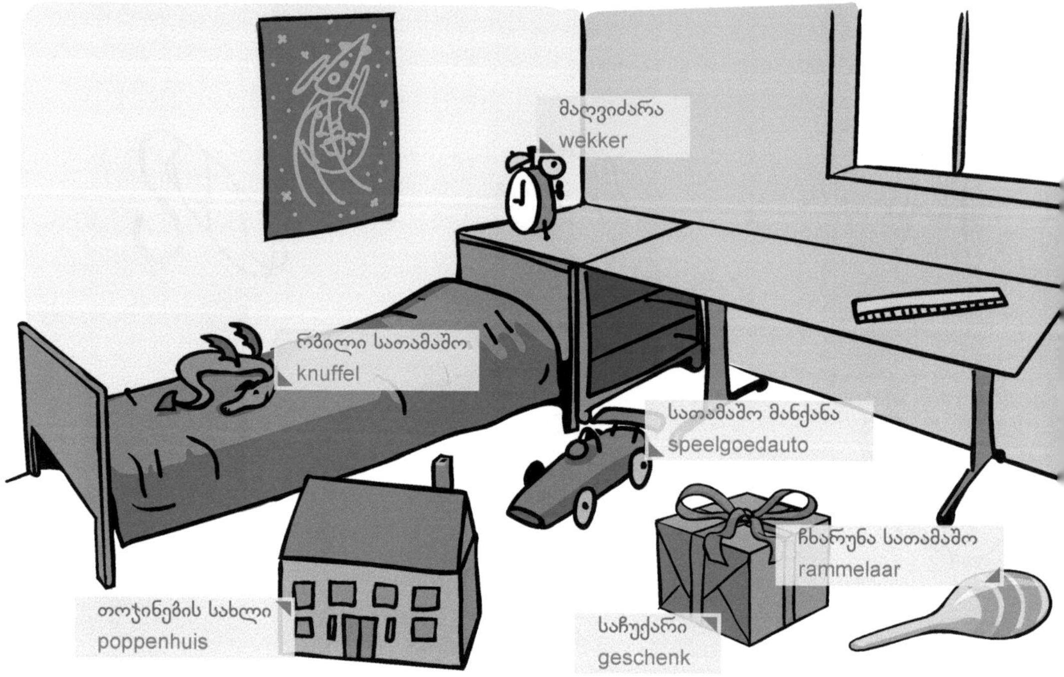

ბუშტი

ballon

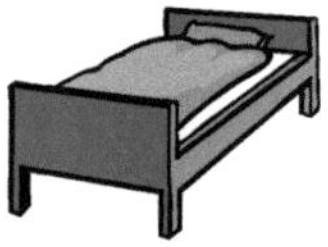

ლოგინი

bed

საბავშვო ეტლი

kinderwagen

კარტის თამაში

spel kaarten

პაზლი

puzzel

კომიკსი

stripboek

ლეგოს აგურები
legoblokjes

ასაშენებელი კუბიკები
blokken

სათამაშო ფიგურა
actiefiguur

საცოცავი
kruippakje

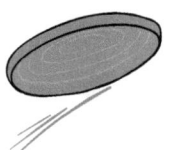

ფრისბი
frisbee

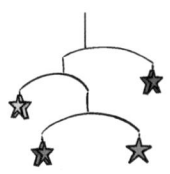

მობილე
mobiel

სამაგიდო თამაში
bordspel

კამათელი
dobbelsteen

რკინიგზის მოდელი
modelspoorweg

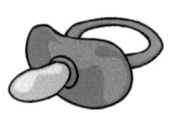

საწოვარა
fopspeen

წვეულება
feest

წიგნი ნახატებით
prentenboek

ბურთი
bal

თოჯინა
pop

თამაში
spelen

საქვიშარი

zandbak

საქანელა

schommel

სათამაშოები

speelgoed

ვიდეო თამაშის კონსოლი

spelconsole

სამთვლიანი ველოსიპედი

driewieler

დათუნია

knuffelbeer

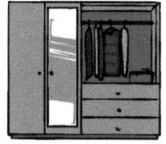

გარდერობი

kleerkast

ტანსაცმელი

kleding

წინდები

sokken

ჩულქები

kousen

კოლგოტები

maillot

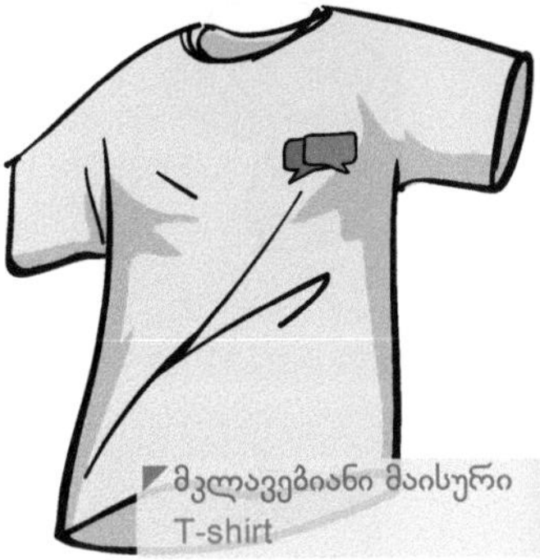

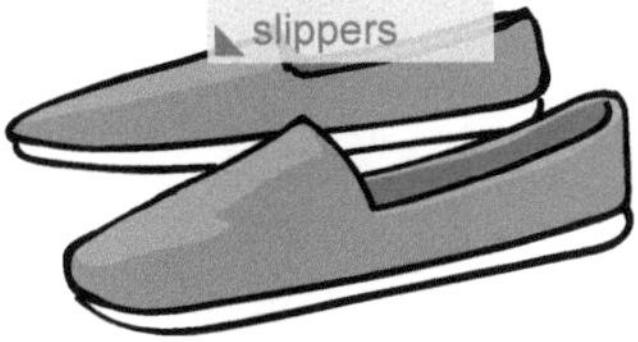

sjaal

ქოლგა
paraplu

მკლავებიანი მაისური
T-shirt

ქამარი
riem

ბოტასები
sneakers

ფეხსაცმელი
laarzen

ჩუსტები
slippers

სანდლები

sandalen

ფეხსაცმელი

schoenen

რეზინის ჩექმები

rubberlaarzen

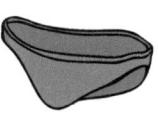

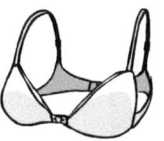

ტრუსები

onderbroek

ბიუსჰალტერი

beha

მაისური

onderhemd

სხეული

lichaam

შარვალი

broek

ჯინსი

jeans

ქვედაკაბა

rok

ბლუზი

blouse

პერანგი

hemd

სვიტრი

trui

კაპიუშონიანი ჟაკეტი

capuchontrui

სპორტული ქურთუკი

blazer

ჟაკეტი

jas

პალტო

jas

საწვიმარი

regenjas

კოსტუმი

kostuum

კაბა

jurk

საქორწილო კაბა

trouwjurk

კაცის კოსტიუმი
pak

ღამის პერანგი
nachthemd

პიჟამოები
pyjama

სარი
sari

თავშალი
hoofddoek

ტურბანი
tulband

ჩადრი
boerka

ხიფთანი
kaftan

აბაია
abaya

საცურაო კოსტუმი
badpak

ჩემოდნები
zwembroek

შორტები
short

სპორტული კოსტიუმი
trainingspak

წინსაფარი
schort

ხელთათმანები
handschoenen

ღილი

knoop

სათვალეები

bril

სამაჯური

armband

ყელსაბამი

ketting

ბეჭედი

ring

საყურე

oorbel

კეპი

pet

საკიდი

kapstok

ქუდი

hoed

ჰალსტუხი

das

ელვა-შესაკრავის შეკვრა

rits

ჩაფხუტი

helm

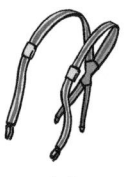

აჭიმი

bretellen

სკოლის ფორმა

schooluniform

ფორმა

uniform

ბავშვის წინსაფარი

slabbetje

საწოვარა

fopspeen

პამპერსი

luier

ოფისი

kantoor

სერვერი
server
საკანცელარიო კარადა
dossierkast
პრინტერი
printer
ქაღალდი
papier
მონიტორი
monitor
მაგიდა
bureau
თაგვი
muis
საქაღალდე
map
კლავიატურა
toestenbord
ღათა ნარჩენი ქაღალდებისათვის
iermand
კომპიუტერი
computer
სკამი
stoel

ყავის ფინჯანი

koffiemok

კალკულატორი

rekenmachine

ინტერნეტი

internet

ლეპტოპი
laptop

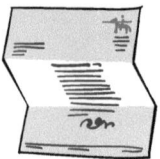

წერილი
brief

მესიჯი
bericht

მობილური ტელეფონი
gsm

ქსელი
netwerk

სკანერი
kopieerapparaat

პროგრამული
უზრუნველყოფა
software

ტელეფონი
telefoon

როზეტი
stopcontact

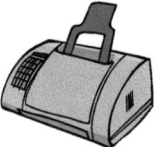

ფაქსის მანქანა
fax

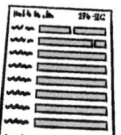

ფორმულარი
formulier

დოკუმენტი
document

ყიდვა

kopen

გადახდა

betalen

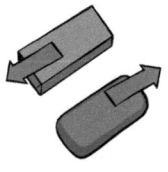

ვაჭრობა

handelen

ფული

geld

USD

დოლარი

dollar

EUR

ევრო

euro

JPY

იენი

yen

RUB

რუბლი

roebel

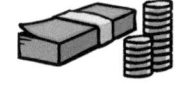

CHF

შვეიცარული ფრანკი

Zwitserse frank

ჟენმინბი იუანი

Chinese renminbi

INR

რუპი

roepie

ბანკომატი

geldautomaat

ვალუტის გადაცვლის პუნქტი
wisselkantoor

ოქრო
goud

ვერცხლი
zilver

ნავთობი
olie

ენერგია
energie

ფასი
prijs

ხელშეკრულება
contract

გადასახადი
belasting

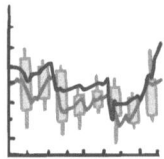

აქცია
aandeel

მუშაობა
werken

თანამშრომელი
werknemer

დამსაქმებელი
werkgever

ქარხანა
fabriek

მაღაზია
winkel

ეკონომიკა - economie

პროფესიები

beroepen

მეხანძრე
brandweerman
პოლიციის ოფიცერი
politieagent
მზარეული
kok
ექიმი
dokter
მფრინავი
piloot

მებაღე

tuinman

დურგალი

timmerman

თეთრეულის მკერავი ქალბატონი

naaister

მოსამართლე

rechter

ქიმიკოსი

chemicus

მსახიობი

acteur

ავტობუსის მძღოლი

buschauffeur

ტაქსის მძღოლი

taxichauffeur

მეთევზე

visser

დამლაგებელი ქალბატონი

schoonmaakster

სახურავის ოსტატი

dakdekker

მიმტანი

ober

მონადირე

jager

ფერმწერი

schilder

მცხობელი

bakker

ელექტრიკოსი

elektricien

მშენებელი

bouwvakker

ინჟინერი

ingenieur

ყასაბი

slager

სანტექნიკოსი

loodgieter

ფოსტალიონი

postbode

ჯარისკაცი

soldaat

არქიტექტორი

architect

მოლარე

kassier

ფლორისტი

bloemist

პარიკმახერი

kapper

კონდუქტორი

conducteur

მექანიკოსი

mecanicien

კაპიტანი

kapitein

სტომატოლოგი

tandarts

მეცნიერი

wetenschapper

რაბინი

rabbijn

იმამი

imam

ბერი

monnik

სასულიერო პირი

geestelijke

იარაღები

werktuigen

ჩაქუჩი
hamer
ბრტყელტუჩა
tang
სახრახნისი
schroevendraaier
ქანჩის გასაღები
schroefsleutel
ჯიბის სანათი
zaklamp

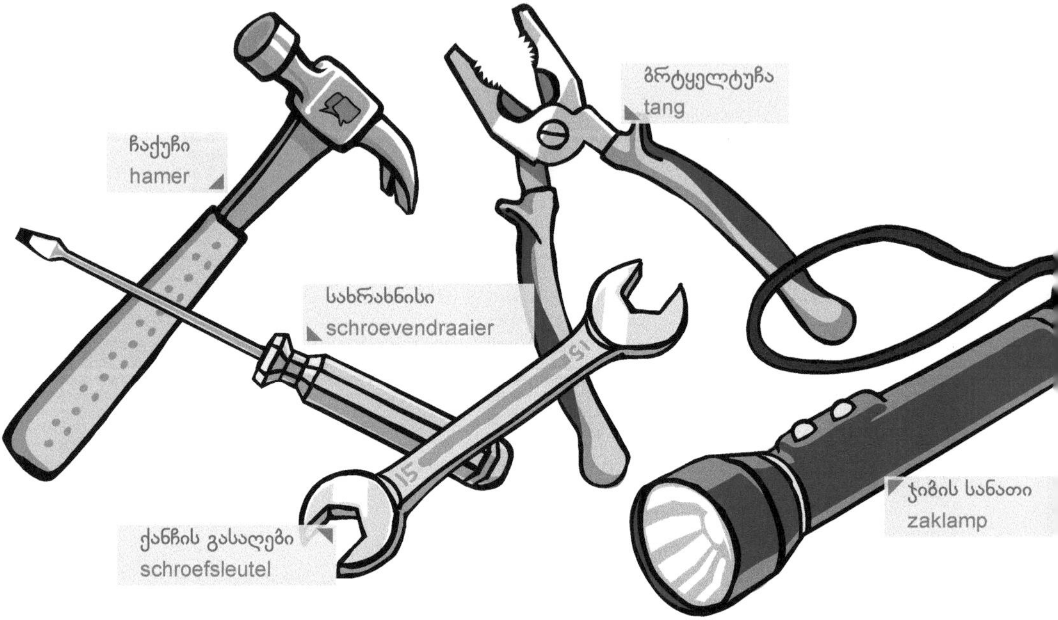

ექსკავატორი

graafmachine

იარაღების ყუთი

gereedschapskoffer

კიბე

ladder

ხერხი

zaag

ლურსმები

spijkers

საბურღი

boormachine

შეკეთება

repareren

ნიჩაბი

schop

ანდაბა!

Verdomme!

აქანდაზი

blik

საღებავის ქოთანი

verfpot

ხრახნები

schroeven

მუსიკალური ინსტრუმენტები

muziekinstrumenten

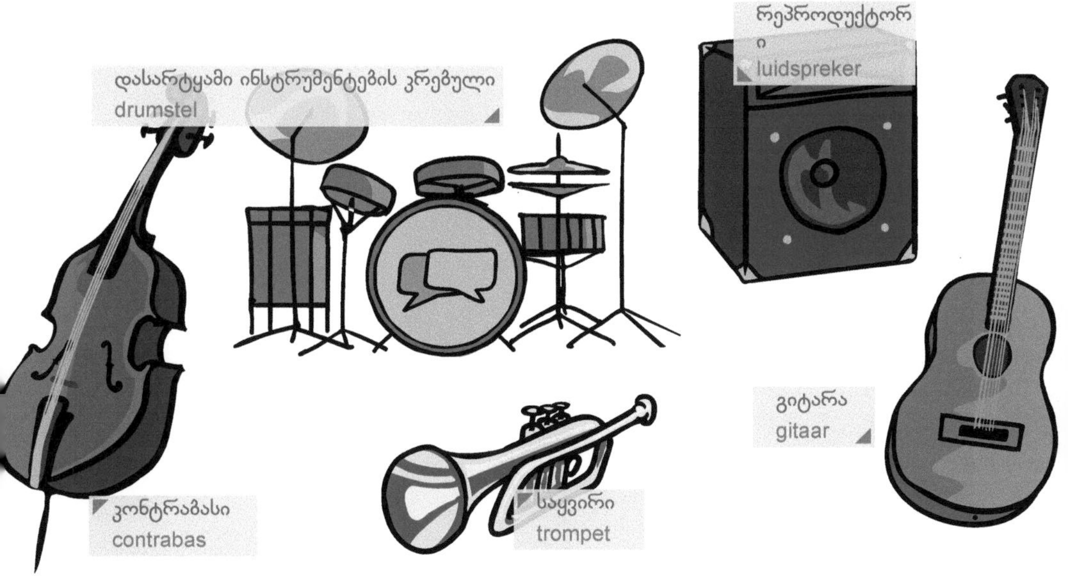

რეპროდუქტორ
ი
luidspreker
დასარტყამი ინსტრუმენტების კრებული
drumstel
გიტარა
gitaar
კონტრაბასი
contrabas
საყვირი
trompet

ფორტეპიანო

piano

ვიოლინო

viool

ბასი

basgitaar

ტიმპანონი

pauk

დასარტყამები

trommels

კლავიშები

keyboard

საქსოფონი

saxofoon

ფლეიტა

fluit

მიკროფონი

microfoon

ზოოპარკი

ZOO

შესასვლელი
ingang
ვეფხვი
tijger
გალია
kooi
ზებრა
zebra
ცხოველთა საკვები
diereneten
პანდა
panda

ცხოველები

dieren

სპილო

olifant

კენგურუ

kangoeroe

მარტორქა

neushoorn

გორილა

gorilla

დათვი

beer

აქლემი

kameel

სირაქლემა

struisvogel

ლომი

leeuw

მაიმუნი

aap

ფლამინგო

flamingo

თუთიყუში

papegaai

პოლარული დათვი

ijsbeer

პინგვინი

pinguïn

ზვიგენი

haai

ფარშევანგი

pauw

გველი

slang

ნიანგი

krokodil

ზოოპარკის მფლობელი

dierenverzorger

სელაპი

zeehond

იაგუარი

jaguar

პონი

pony

ლეოპარდი

luipaard

ბეჰემოტი

nijlpaard

ჟირაფი

giraffe

არწივი

adelaar

ტახი

wild zwijn

თევზი

vis

კუ

zeeschildpad

მორჟი

walrus

მელა

vos

გაზელი

gazelle

სპორტი

sporten

ამერიკული ფეხბურთი
rugby
ველოსპორტი
wielrennen
ჩოგბურთი
tennis
კალათბურთი
basketbal
ცურვა
zwemmen
ყინულის ჰოკეი
ijshockey
კრივი
boksen

ფეხბურთი

voetbal

ბადმინტონი

badminton

მძლეოსნობა

atletiek

ხელბურთი

handbal

სათხილამურო სპორტი

skiën

წყლის პოლო

polo

გადახტომა
springen

დაცინვა
lachen

ჩახუტება
knuffelen

სეირნობა
wandelen

სიმღერა
zingen

ოცნებობა
dromen

ლოცვა
bidden

კოცნა
kussen

წერა
schrijven

დახატვა
tekenen

ჩვენება
tonen

დაჭერა
duwen

მიცემა
geven

აღება
nemen

ქონა

hebben

კეთება

doen

ყოფნა

zijn

დგომა

staan

გარბენა

lopen

მოქაჩვა

trekken

გადაყრა

gooien

დაცემა

vallen

ტყუილის თქმა

liggen

მოცდენა

wachten

ტარება

dragen

ჯდომა

zitten

ჩაცმა

aankleden

ძილი

slapen

გაღვიძება

ontwaken

მოქმედებები - activiteiten

დათვალიერება
kijken naar

ტირილი
wenen

გაუთოება
aaien

დავარცხნა
kammen

ლაპარაკი
praten

გაგება
begrijpen

შეკითხვა
vragen

მოსმენა
luisteren

დალევა
drinken

ჭამა
eten

დალაგება
opruimen

ყვარება
houden van

კერძების მზადება
koken

სვლა
rijden

ფრენა
vliegen

აფრის ქვეშ სიარული
zeilen

გამოთვლა
rekenen

წაკითხვა
Lezen

შესწავლა
leren

მუშაობა
werken

ქორწინება
trouwen

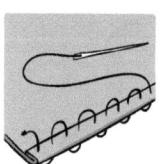

კერვა
naaien

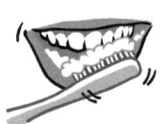

კბილების ხეხვა
tandenpoetsen

მოკვლა
doden

მოწევა
roken

გაგზავნა
sturen

ბებია
grootmoeder

ბაბუა
grootvader

მამა
vader

დედა
moeder

ბავშვი
baby

ქალიშვილი
dochter

ვაჟიშვილი
zoon

სტუმარი
gast

დეიდა
tante

ბიძა
oom

ძმა
broer

და
zus

სხეული
lichaam

შუბლი
voorhoofd
თვალი
oog
მხარი
schouder
თითი
vinger
სახე
gezicht
ნიკაპი
kin
ხელი
hand
მკერდი
borst
ფეხი
been
მკლავი
arm

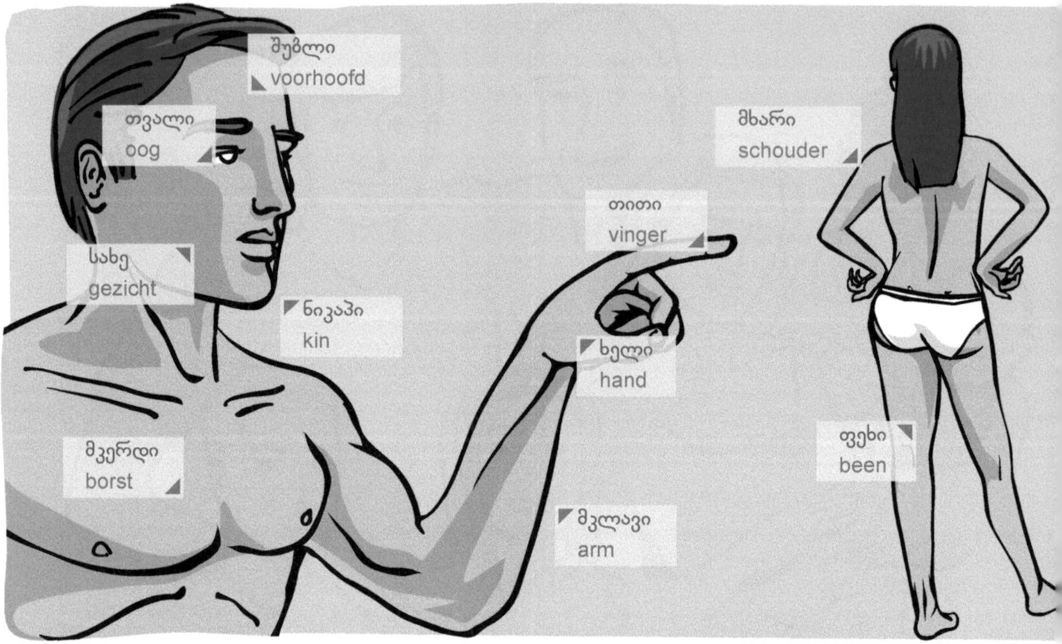

ბავშვი

baby

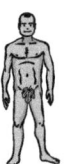

კაცი

man

ქალი

vrouw

გოგო

meisje

ბიჭი

jongen

თავი

hoofd

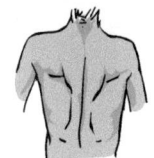

ზურგი

rug

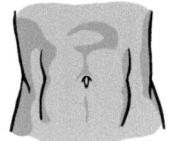

მუცელი

buik

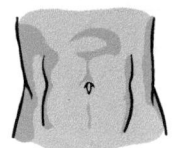

ჭიპი

navel

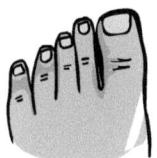

ფეხის თითი

teen

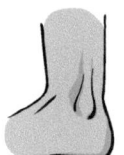

ქუსლი

hiel

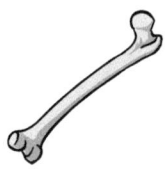

ძვალი

bot

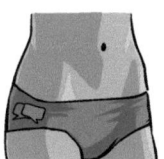

ბარძაყი

heup

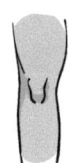

მუხლი

knie

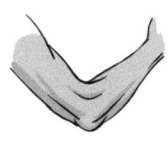

იდაყვი

elleboog

ცხვირი

neus

დუნდულა

zitvlak

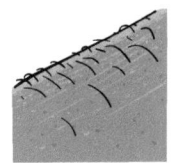

კანი

huid

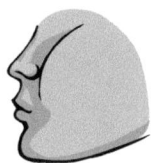

ლოყა

wang

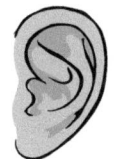

ყური

oor

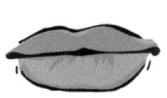

ტუჩი

lip

პირი

mond

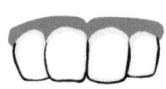

კბილი

tand

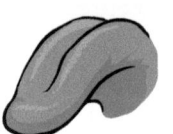

ენა

tong

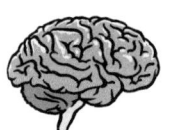

ტვინი

hersenen

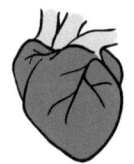

გული

hart

კუნთი

spier

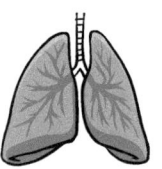

ფილტვი

long

ღვიძლი

lever

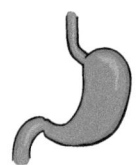

კუჭი

maag

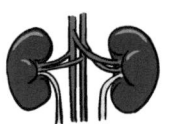

თირკმელები

nieren

სექსი

seks

პრეზერვატივი

condoom

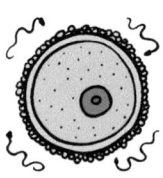

კვერცხუჯრედი

eicel

სპერმა

sperma

ორსულობა

zwangerschap

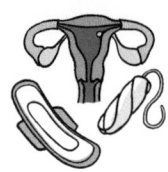

მენსტრუაცია

menstruatie

საშო

vagina

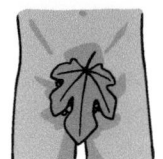

პენისი

penis

წარბი

wenkbrauw

თმა

haar

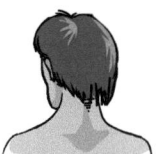

კისერი

nek

საავადმყოფო

ziekenhuis

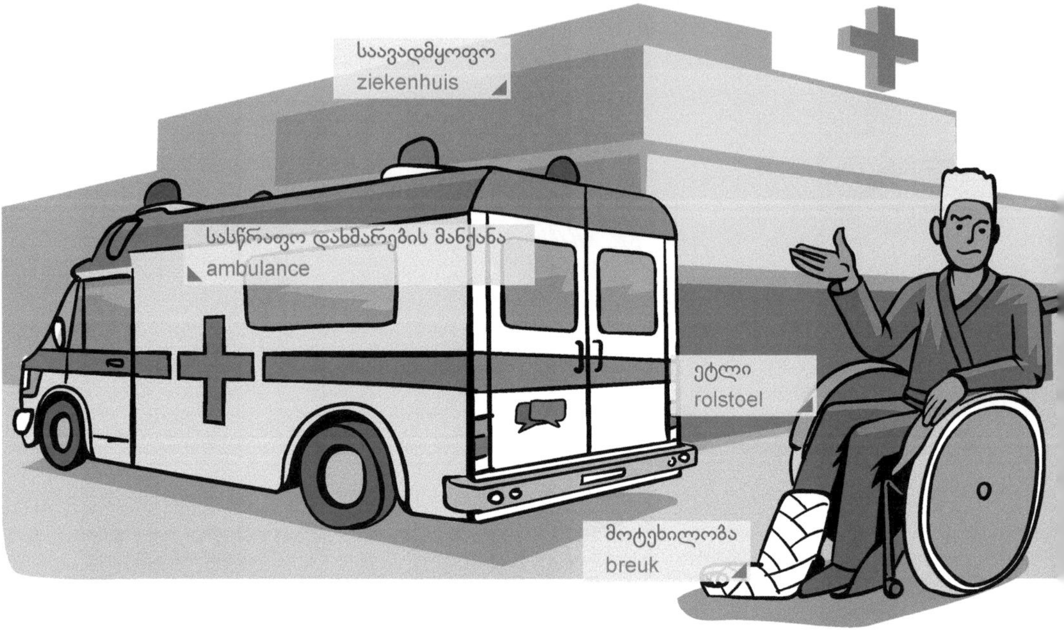

საავადმყოფო
ziekenhuis
სასწრაფო დახმარების მანქანა
ambulance
ეტლი
rolstoel
მოტეხილობა
breuk

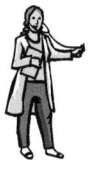

ექიმი

dokter

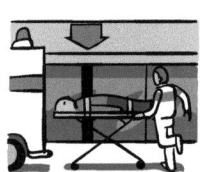

პირველი დახმარების ოთახი

spoed

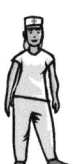

მედდა

verpleegkundige

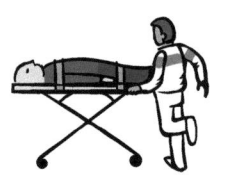

გადაუდებელი შემთხვევა

noodgeval

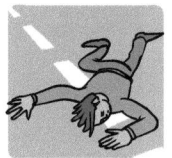

უგონოდ მყოფი

bewusteloos

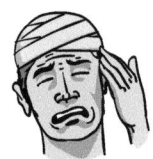

ტკივილი

pijn

დაზიანება

verwonding

სისხლდენა

bloeding

გულის შეტევა

hartaanval

ინსულტი

beroerte

ალერგია

allergie

ხველა

hoest

ცხელება

koorts

გრიპი

griep

დიარეა

diarree

თავის ტკივილი

hoofdpijn

კიბო

kanker

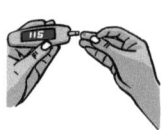

დიაბეტი

diabetes

ქირურგი

chirurg

სკალპელი

scalpel

ოპერაცია

operatie

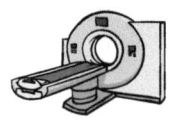

კტ
CT

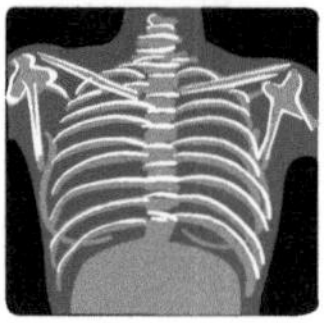

რენტგენი
röntgenstraal

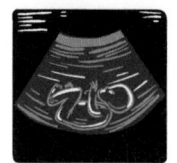

ულტრაბგერა
ultrageluid

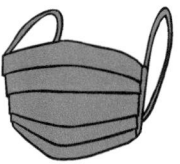

ნიღაბი
gezichtsmasker

დაავადება
ziekte

მოსაცდელი ოთახი
wachtkamer

ყავარჯენი
kruk

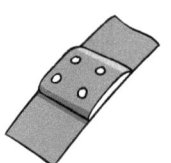

თაბაშირი
pleister

ბინტი
verband

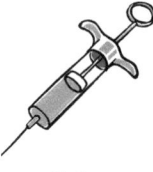

ინექცია
injectie

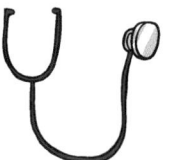

სტეტოსკოპი
stethoscoop

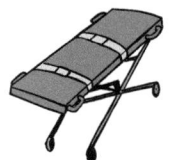

საკაცე
brancard

თერმომეტრი
thermometer

დაბადება
geboorte

ჭარბი წონა
overgewicht

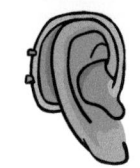

სმენის აპარატი

hoorapparaat

სადეზინფექციო საშუალება

ontsmettingsmiddel

ინფექცია

infectie

ვირუსი

virus

აივ / შიდსი

HIV / AIDS

წამალი

medicijn

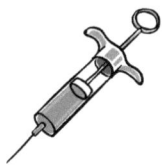

ვაქცინაცია

vaccinatie

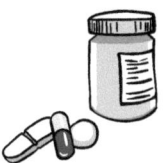

ტაბლეტები

tabletten

აბი

pil

გადაუდებელი გამოძახება

noodoproep

წნევის საზომი აპარატი

bloeddrukmeter

ავადმყოფი / ჯანმრთელი

ziek / gezond

გადაუდებელი შემთხვევა
noodgeval

დამეხმარეთ!

Help!

განგაში

alarm

თავდასხმა

overval

შეტევა

aanval

საფრთხე

gevaar

სათადარიგო გასასვლელი

nooduitgang

ხანძარი!

Brand!

ცეცხლსაქრობი

brandblusser

უბედური შემთხვევა

ongeval

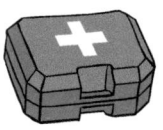

პირველადი დახმარების აფთიაქი

EHBO-kit

SOS

SOS

პოლიცია

politie

ევროპა

Europa

ჩრდილოეთ ამერიკა

Noord-Amerika

სამხრეთ ამერიკა

Zuid-Amerika

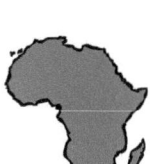

აფრიკა

Afrika

აზია

Azië

ავსტრალია

Australië

ატლანტიკა

Atlantische Oceaan

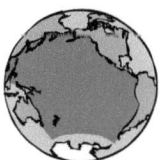

წყნარი ოკეანე

Stille Oceaan

ინდოეთის ოკეანე

Indische Oceaan

ანტარქტიკის ოკეანე

Antarctische Oceaan

ჩრდილოეთის ყინულოვანი ოკეანე

Arctische Oceaan

ჩრდილოეთ პოლუსი

Noordpool

სამხრეთ პოლუსი

Zuidpool

ანტარქტიდა

Antarctica

დედამიწა

aarde

ხმელეთი

land

ზღვა

zee

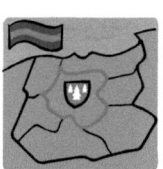

კუნძული

eiland

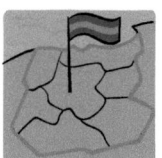

ერი

natie

სახელმწიფო

staat

საათი

klok

ციფერბლატი

wijzerplaat

საათების ისარი

uurwijzer

წუთების ისარი

minuutwijzer

წამების ისარი

secondewijzer

რომელი საათია?

Hoe laat is het?

დღე

dag

დრო

tijd

ახლა

nu

ციფრული საათი

digitale horloge

წუთი

minuut

საათი

uur

კვირა
week

ორშაბათი
maandag
MO
სამშაბათი
dinsdag
TU
ოთხშაბათი
woensdag
W
ხუთშაბათი
donderdag
TH
პარასკევი
vrijdag
FR
შაბათი
zaterdag
SA
zondag
SO

1

გუშინ

gisteren

2

დღეს

vandaag

3

ხვალ

morgen

დილა

ochtend

შუადღე

middag

საღამო

avond

MO TU WE TH FR SA SU
1 2 3 4 5 6 7
8 9 10 11 12 13 14
15 16 17 18 19 20 21
22 23 24 25 26 27 28
29 30 31 1 2 3 4

სამუშაო დღეები

werkdagen

MO TU WE TH FR SA SU
1 2 3 4 5 6 7
8 9 10 11 12 13 14
15 16 17 18 19 20 21
22 23 24 25 26 27 28
29 30 31 1 2 3 4

შაბათი-კვირა

weekend

წელი

jaar

regen
ცისარტყელა
regenboog
ქარი
wind
თოვლი
sneeuw
გაზაფხული
lente
შემოდგომა
herfst
ზაფხული
zomer
ზამთარი
winter

4.APRIL 11°
5.APRIL 4°
6.APRIL 13°
7.APRIL 8°
8.APRIL 10°

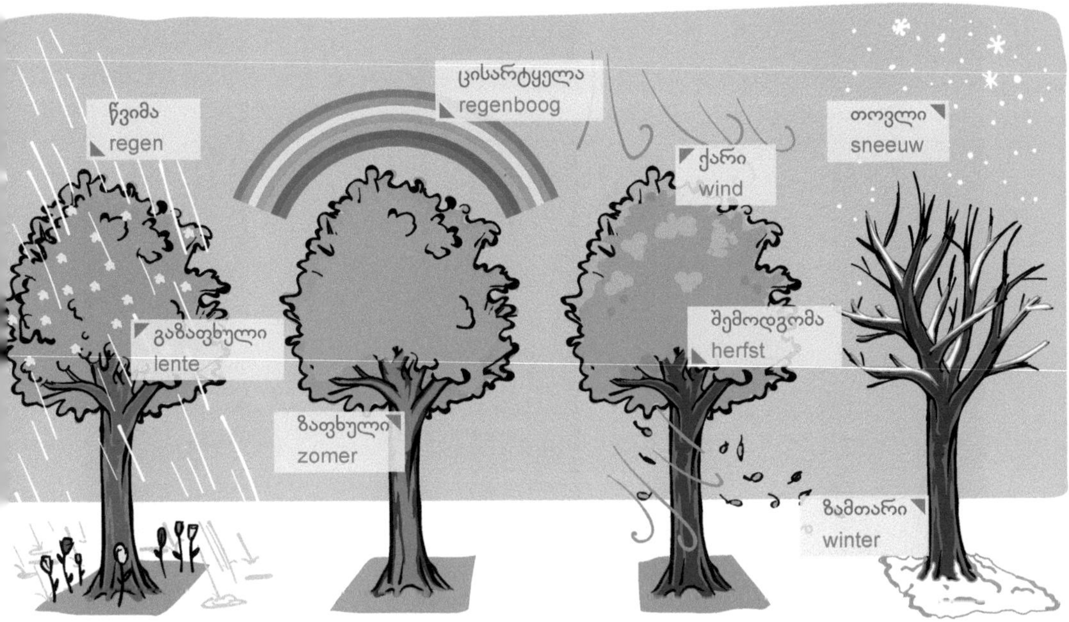

ამინდის პროგნოზი

weervoorspelling

თერმომეტრი

thermometer

მზის სხივი

zonneschijn

ღრუბელი

wolk

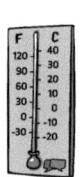

ნისლი

mist

ტენიანობა

vochtigheid

ელვა

bliksem

ქუხილი

donder

შტორმი

storm

სეტყვა

hagel

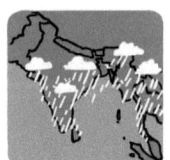

მუსონი

moesson

წყალდიდობა

overstroming

ყინული

ijs

იანვარი

januari

თებერვალი

februari

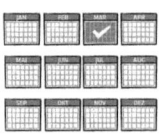

მარტი

maart

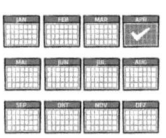

აპრილი

april

მაისი

mei

ივნისი

juni

ივლისი

juli

აგვისტო

augustus

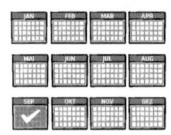

 სექტემბერი
....
september

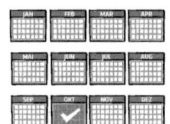

ოქტომბერი
....
oktober

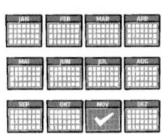

ნოემბერი
....
november

დეკემბერი
....
december

ფორმები
vormen

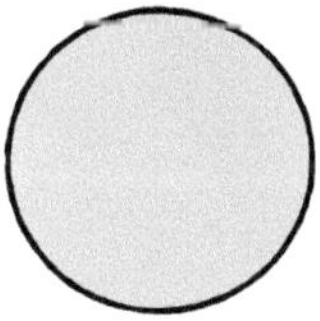

წრე
....
cirkel

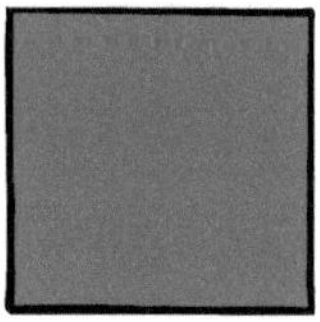

კვადრატი
....
kwadraat

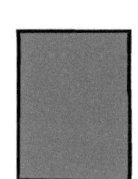

მართკუთხედი
....
rechthoek

სამკუთხედი
....
driehoek

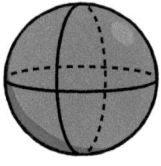

სფერო
....
bol

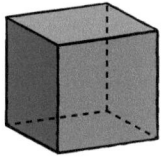

კუბი
....
kubus

ფერები
kleuren

თეთრი

wit

ყვითელი

geel

ნარინჯისფერი

oranje

ვარდისფერი

roze

წითელი

rood

იისფერი

paars

ცისფერი

blauw

მწვანე

groen

ყავისფერი

bruin

ნაცრისფერი

grijs

შავი

zwart

ბევრი / ცოტა

veel / weinig

გაბრაზებული / მშვიდი

boos / kalm

ლამაზი / მახინჯი

mooi / lelijk

დასაწყისი / დასასრული

begin / einde

დიდი / პატარა

groot / klein

ნათელი / მუქი

licht / donker

ძმა / და

broer / zus

სუფთა / ჭუჭყიანი

proper / vuil

სრული / არასრული

volledig / onvolledig

დღე / ღამე

dag / nacht

მკვდარი / ცოცხალი

dood / levend

განიერი / ვიწრო

breed / smal

საჭმელად ვარგისი /
საჭმელად უვარგისი

eetbaar / oneetbaar

ბოროტი / კეთილი

kwaadaardig / vriendelijk

შთამბეჭდავი / მოსაწყენი

opgewonden / verveeld

სქელი / თხელი

dik / dun

პირველი / ბოლო

eerst / laatst

მეგობარი / მტერი

vriend / vijand

სრული / ცარიელი

vol / leeg

მყარი / რბილი

hard / zacht

მძიმე / მსუბუქი

zwaar / licht

მოშიებული / მწყურვალე

honger / dorst

ავადმყოფი / ჯანმრთელი

ziek / gezond

არალეგალური /
ლეგალური

illegaal / legaal

ინტელექტუალი / სულელი

intelligent / dom

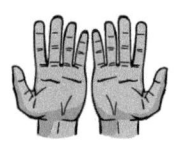

მარცხენა / მარჯვენა

links / rechts

ახლოს / შორს

dichtbij / veraf

ახალი / გამოყენებული

nieuw / gebruikt

არაფერი / რაღაცა

niets / iets

მოხუცი / ახალგაზრდა

oud / jong

ჩართვა / გამორთვა

aan / uit

ღია / დახურული

open / dicht

ჩუმი / ხმამაღალი

stil / luid

მდიდარი / ღარიბი

rijk / arm

ძართალი / მტყვანი

juist / fout

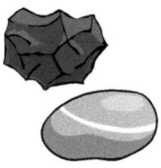

ქსეში / გლუვი

ruw / glad

სევდიანი / ბედნიერი

droevig / blij

მოკლე / გრძელი

kort / lang

ნელი / სწრაფი

traag / snel

სველი / მშრალი

nat / droog

თბილი / გრილი

warm / koud

ომი / მშვიდობა

oorlog / vrede

რიცხვები
cijfers

0	**1**	**2**
ნული	ერთი	ორი
nul	één	twee
3	**4**	**5**
სამი	ოთხი	ხუთი
drie	vier	vijf
6	**7**	**8**
ექვსი	შვიდი	რვა
zes	zeven	acht
9	**10**	**11**
ცხრა	ათი	თერთმეტი
negen	tien	elf

12
თორმეტი
twaalf

13
ცამეტი
dertien

14
თოთხმეტი
veertien

15
თხუთმეტი
vijftien

16
თექვსმეტი
zestien

17
ჩვიდმეტი
zeventien

18
თვრამეტი
achtien

19
ცხრამეტი
negentien

20
ოცი
twintig

100
ასი
honderd

1.000
ათასი
duizend

1.000.000
მილიონი
miljoen

Talen

ინგლისური

Engels

ამერიკული ინგლისური

Amerikaans Engels

ჩინური მანდარინი

Chinees (Mandarijn)

ჰინდი

Hindi

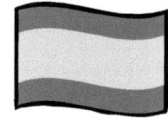

ესპანური

Spaans

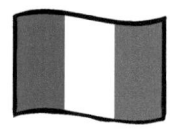

ფრანგული

Frans

არაბული

Arabisch

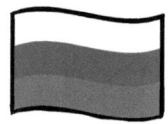

რუსული

Russisch

პორტუგალიური

Portugees

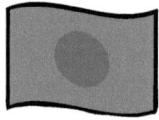

ბენგალური

Bengali

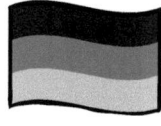

გერმანული

Duits

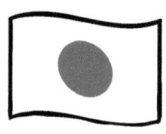

იაპონური

Japans

ვინ / რა / როგორ

wie / wat / hoe

მე

ik

შენ

u

ის / ის / იგი

hij / zij / het

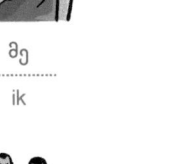

ჩვენ

wij

თქვენ

u

ისინი

ze

ვინ?

wie?

რა?

wat?

როგორ?

hoe?

სად?

waar?

როდის?

wanneer?

სახელი

naam

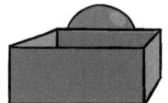

სად

waar

უკან

achter

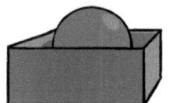

შიგნით

in

წინ

voor

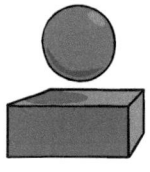

ზედ

boven

=-ზე

op

ქვეშ

onder

გვერდით

naast

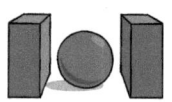

შორის

tussen

ადგილი

plaats